The Bear's Journey And Other Bilingual Norwegian-English Stories

Pomme Bilingual

Published by Pomme Bilingual, 2024.

While every precaution has been taken in the preparation of this book, the publisher assumes no responsibility for errors or omissions, or for damages resulting from the use of the information contained herein.

THE BEAR'S JOURNEY AND OTHER BILINGUAL NORWEGIAN-ENGLISH STORIES

First edition. July 20, 2024.

ISBN: 979-8227657992

Written by Pomme Bilingual.

Table of Contents

Kveldens Mystiske Møte

Det var en av de kvelder hvor stjernene virket ekstra klare, og natten hadde en spesiell ro over seg. I en liten by, hvor husene var kledd i lyse pastellfarger og gatene var stille, bodde en ung jente ved navn Lina. Hun hadde en stor drøm om å oppdage noe magisk, men visste ikke helt hva det var. Lina elsket å gå lange turer i naturen, og det var en av disse turene som skulle forandre livet hennes.

En sen sommerkveld, da solen hadde viket plass for mørket og månen hadde inntatt sitt plass som nattens lys, bestemte Lina seg for å ta en annen rute enn vanlig. Hun gikk ned til en gammel, glemte sti som førte gjennom en trolsk skog. Trærne var høye og gamle, og deres blader hvisket hemmeligheter til hverandre.

Mens hun gikk, begynte en lett bris å spille med løvet over hodet hennes. Lina stoppet for å lytte. I stillheten kunne hun høre en myk, melankolsk musikk. Hun fulgte lyden, og etter en stund kom hun til en liten lysning. I midten av lysningen satt en ensom gammel mann ved en krakk, med en vakker, gammeldags fiolin i hendene.

Mannen var kledd i en enkel, men elegant kappe, og han så ut til å være helt oppslukt av musikken han spilte. Lina følte en merkelig dragning mot mannen og satte seg forsiktig ned på en stein i nærheten. Fiolinen hans spilte en melodi som var både trist og vakker, som om den uttrykte både sorg og glede samtidig.

Da musikken stoppet, åpnet mannen øynene og så rett på Lina. Han smilte vennlig, og Lina følte seg umiddelbart rolig. "Velkommen," sa han med en mild, men likevel sterk stemme. "Jeg har ventet på deg."

"Ventet på meg?" Lina spurte, litt forvirret. "Hvordan kan du vite hvem jeg er?"

Mannen lo stille. "Jeg kjenner ikke deg, men jeg kjenner ditt hjerte. Jeg er her for å vise deg noe viktig."

Lina ble nysgjerrig. "Hva er det du vil vise meg?"

Mannen begynte å spille igjen, og denne gangen var melodien enda mer gripende. Han lukket øynene, og Lina følte seg som om hun ble hevet opp til en annen verden gjennom musikken. Det var som om melodien fortalt en historie om en reise, om gleder og sorger, om alt som betyr noe i livet.

Da musikken ble stille, åpnet mannen øynene igjen. "Vet du, Lina," begynte han, "musikken kan være en bro mellom mennesker, mellom tanker, mellom fortid og fremtid. Jeg spiller for å minne folk på at de er en del av noe større enn dem selv."

"Men jeg vet ikke om jeg forstår," svarte Lina. "Hva er det som er større enn oss selv?"

Mannen smilte igjen. "Kanskje du ikke trenger å forstå alt akkurat nå. Det viktigste er å føle det. Å kjenne at du er en del av en uendelig melodi som går gjennom tid og rom."

Lina så på mannen, og for første gang i sitt liv følte hun en dyp følelse av fred. Hun visste at hun hadde fått en gave som hun aldri ville glemme. Hun reiste seg og takket mannen før hun begynte å gå tilbake mot byen. Fiolinen hans fortsatte å spille i bakgrunnen, og Lina visste at musikken ville følge henne hjem.

Da hun kom tilbake til byen, var det som om alt var litt annerledes. Stjernene på himmelen så enda klarere ut, og hver lille detalj i byen føltes mer levende. Lina hadde fått en ny forståelse av hva det betyr å være en del av noe større, og hun bar med seg en ny følelse av undring og takknemlighet.

Fra den dagen av, hver gang Lina hørte musikk, ville hun tenke på den gamle mannen og på den magiske kvelden i skogen. Og hun visste at hun alltid ville bære med seg musikkens magi og den dype forbindelsen hun hadde oppdaget med verden rundt seg.

The Evening's Mysterious Meeting

It was one of those evenings when the stars seemed especially bright, and the night carried a special calm. In a small town, where the houses were dressed in light pastel colors and the streets were quiet, lived a young girl named Lina. She had a big dream of discovering something magical, but she wasn't quite sure what it was. Lina loved taking long walks in nature, and it was one of these walks that would change her life.

On a late summer evening, when the sun had given way to darkness and the moon had taken its place as the night's light, Lina decided to take a different path than usual. She walked down an old, forgotten trail that led through an enchanted forest. The trees were tall and ancient, and their leaves whispered secrets to each other.

As she walked, a gentle breeze began to play with the leaves overhead. Lina stopped to listen. In the silence, she could hear a soft, melancholic music. She followed the sound, and after a while, she arrived at a small clearing. In the center of the clearing sat a solitary old man on a bench, holding a beautiful, old-fashioned violin.

The man was dressed in a simple yet elegant cloak, and he seemed completely absorbed in the music he was playing. Lina felt a strange pull towards the man and carefully sat down on a nearby rock. His violin played a melody that was both sad and beautiful, as if it expressed both sorrow and joy at the same time.

When the music stopped, the man opened his eyes and looked directly at Lina. He smiled warmly, and Lina felt immediately at ease. "Welcome," he said in a gentle but strong voice. "I've been waiting for you."

"Waiting for me?" Lina asked, a bit confused. "How can you know who I am?"

The man chuckled softly. "I don't know you, but I know your heart. I'm here to show you something important."

Lina grew curious. "What is it you want to show me?"

The man began to play again, and this time the melody was even more gripping. He closed his eyes, and Lina felt as though she was lifted to another world through the music. It was as if the melody told a story of a journey, of joys and sorrows, of everything that matters in life.

When the music fell silent, the man opened his eyes again. "You know, Lina," he began, "music can be a bridge between people, between thoughts, between past and future. I play to remind people that they are part of something greater than themselves."

"But I don't know if I understand," Lina replied. "What is greater than ourselves?"

The man smiled again. "Perhaps you don't need to understand everything right now. The most important thing is to feel it. To know that you are part of an endless melody that goes through time and space."

Lina looked at the man, and for the first time in her life, she felt a deep sense of peace. She knew she had received a gift she would never forget. She stood up and thanked the man before she began to walk back to the town. His violin continued to play in the background, and Lina knew that the music would follow her home.

When she returned to the town, it was as if everything was slightly different. The stars in the sky seemed even clearer, and every little detail in the town felt more alive. Lina had gained a new understanding of what it means to be part of something greater, and she carried with her a new sense of wonder and gratitude.

From that day on, whenever Lina heard music, she would think of the old man and the magical evening in the forest. And she knew she would always carry with her the magic of the music and the deep connection she had discovered with the world around her.

Solens Smil

———

Det var en av de dagene hvor skyene svevde lavt på himmelen, og det var så grått at det nesten føltes som om fargene hadde forsvunnet fra verden. I en liten by, som lå stille og dempet under det tunge skydekket, bodde det en ung kvinne ved navn Maria. Maria var kjent for sin vennlighet og sitt smil, men på denne grå dagen føltes til og med smilet hennes litt trist. Hun hadde følt seg fanget i hverdagens rutine, og det virket som om solen hadde glemt å skinne på henne.

Maria jobbet på et lite bibliotek i sentrum av byen. Biblioteket var et koselig sted fylt med bøker, men i det siste hadde Maria følt at også bøkene virket triste, som om de visste at solen ikke skinte ute. En morgen, mens hun ryddet på plass noen bøker, la hun merke til en gammel, støvete bok som hun aldri hadde sett før. Boken hadde et vakkert omslag med et bilde av en sol som smilte, og tittelen var "Solens Hemmelighet".

Nysgjerrig åpnet Maria boken, og på innsiden av omslaget fant hun et brev skrevet med vakre, sirlige bokstaver:

"Kjære leser,

Denne boken er en guide til å finne solen inni deg selv. Les videre, og du vil oppdage en reise som vil lede deg til ekte glede.

Med varme ønsker,

S."

Maria ble nysgjerrig og begynte å lese boken. Historien handlet om en person som, etter å ha mistet forbindelsen med sin egen glede, la ut på en reise for å finne solen som en gang hadde lyst opp livet hans. Denne reisen tok ham til mange forskjellige steder, men det som virkelig fanget Marias oppmerksomhet var det som ble beskrevet som "solens smil".

Hun fortsatte å lese, og boken beskrev hvordan solen var mer enn bare en fysisk skinnkilde; den var også en metafor for den indre gleden som bor i hver enkelt av oss. Historien oppfordret leseren til å gå på en reise for å finne denne indre solen. Maria følte en gnist av håp. Kanskje hun også kunne finne sin egen indre sol.

Den samme ettermiddagen bestemte Maria seg for å ta en pause fra rutinen og gå ut i parken som lå rett ved biblioteket. Hun trengte frisk luft og tid til å reflektere over boken hun hadde lest. Selv om det fortsatt var overskyet, bestemte hun seg for å gå til parken og sette seg på en benk under et gammelt eiketre. Eiketreet var som et gammelt vennlig ansikt som hadde vært der lenge, og det føltes som et passende sted for refleksjon.

Mens hun satt der, begynte hun å tenke på bokens budskap. Hva om det var mulig å finne solens smil i seg selv? Hva om lykke ikke nødvendigvis var noe som bare skjer, men noe man kan oppdage og utvikle innenfra? Hun begynte å merke små ting rundt seg som hun tidligere hadde oversett: den lette brisen som lekte med bladene, lyden av barn som lekte i nærheten, og den subtile duften av våren som var på vei.

Maria bestemte seg for å ta en liten tur rundt i parken. Mens hun gikk, la hun merke til et lite, fargerikt marked som var satt opp av noen lokale håndverkere. Hun ble fascinert av de forskjellige håndlagde varene og begynte å snakke med de forskjellige folkene som solgte dem. Det var noe ved den varme og ekte entusiasmen til folkene som jobbet der som begynte å lyse opp i henne. De delte historier om hvordan de skapte det de solgte, og deres glede over håndverket sitt var smittsomt.

Mens hun gikk rundt og snakket med folkene på markedet, kom hun over en liten boks med håndlagde lykter. En eldre dame som solgte lyktene begynte å snakke med Maria. Hun hadde et vennlig smil og en rolig tilstedeværelse som minnet Maria om den gamle eiketrærne hun hadde sittet under. Damen tilbød Maria en av lyktene som en gave.

"Dette er en spesiell lykt," sa damen. "Når du tenner lysene dine, vil du se at de lyser opp i mørket, men det som er viktigere er at de også lyser opp inne i deg."

Maria takket damen og gikk videre med lykten i hånden. Hun følte seg inspirert av samtalen og den enkle, men dype gaven hun hadde fått. Hun begynte å gå hjemover, og på vei hjem begynte hun å legge merke til flere små detaljer: det varme smilet til en fremmed, den vennlige nikkingen fra en nabo, og den friske duften av nyslått gress.

Da hun kom hjem, satte hun lykten på bordet i stuen. Hun tente et lys og så hvordan lykten kastet et varmt, mykt lys rundt i rommet. Det var som om lykten brakte en liten del av solen inn i huset hennes. Maria begynte å reflektere over dagen og alt hun hadde opplevd. Hun innså at glede ikke nødvendigvis er en stor, lysende følelse hele tiden, men heller en serie av små øyeblikk av lys og varme.

Dagen etter bestemte Maria seg for å gjøre noe annerledes. Hun begynte å gjøre små, men betydningsfulle endringer i hverdagen sin. Hun begynte å tilbringe mer tid ute, snakke med mennesker hun møtte, og utforske nye steder i byen. Hun begynte også å være mer oppmerksom på de små tingene i livet som ofte ble oversett: en kopp kaffe med en venn, en vakker solnedgang, eller et vennlig ord til en fremmed.

Hun oppdaget også at det å dele glede med andre hadde en positiv innvirkning på hennes egen lykke. Hun begynte å organisere små sammenkomster med venner og familie, der de delte historier, mat, og latter. Det var som om hver sammenkomst var en liten feiring av livet, og Maria følte seg mer tilkoblet både seg selv og de rundt henne.

En måned etter å ha funnet boken og lykten, var Maria ute på en tur i parken igjen. Denne gangen var dagen klar og solfylt, og hun følte en dyp følelse av tilfredshet og glede. Hun hadde gjort en reise fra den grå hverdagen til å oppdage små øyeblikk av lykke i det daglige livet. Hun følte seg som en del av noe større, noe som var både vakker og uendelig.

Hun gikk til benken under eiketreet igjen, hvor hun hadde sittet den første dagen hun hadde begynt å reflektere over bokens budskap. Hun satte seg ned og så opp på de klare, blå skyene. Hun hadde lært at solen ikke bare var noe som skinner på himmelen, men også en metafor for det lyse og varme som kunne finnes i hvert øyeblikk.

Mens hun satt der, tenkte hun på alt hun hadde opplevd og lært. Hun forsto at lykke var en reise, ikke en destinasjon. Det var en måte å være til stede på, å åpne seg for de små miraklene i livet, og å finne glede i de enkle tingene. Solens smil var ikke bare en fysisk opplevelse, men en indre tilstand av lys og varme som hun nå kunne finne og skape selv.

Maria reiste seg og begynte å gå tilbake til byen. Hun visste at hun hadde funnet noe verdifullt på reisen sin, og hun bar med seg en ny følelse av glede og takknemlighet. Hun var klar over at livet alltid ville ha sine grå dager, men hun visste også at hun nå hadde verktøyene til å finne og skape lys i mørket, og å dele det med verden rundt seg.

The Sun's Smile

It was one of those days when the clouds hung low in the sky, and it was so gray that it almost felt as if the colors had disappeared from the world. In a small town, lying quietly and muted under the heavy overcast, lived a young woman named Maria. Maria was known for her kindness and her smile, but on this gray day, even her smile felt a little sad. She had felt trapped in the routine of daily life, and it seemed as though the sun had forgotten to shine upon her.

Maria worked at a small library in the center of town. The library was a cozy place filled with books, but recently Maria had felt that even the books seemed sad, as if they knew that the sun wasn't shining outside. One morning, while she was tidying up some books, she noticed an old, dusty book she had never seen before. The book had a beautiful cover with a picture of a smiling sun, and the title was "The Secret of the Sun."

Curious, Maria opened the book, and inside the cover, she found a letter written in beautiful, flowing letters:

"Dear Reader,

This book is a guide to finding the sun within yourself. Read on, and you will discover a journey that will lead you to true joy.

With warm wishes,

S."

Maria was intrigued and began reading the book. The story was about a person who, after losing touch with their own joy, set out on a journey to find the sun that once lit up their life. This journey took them to many different places, but what really captured Maria's attention was what was described as "the sun's smile."

She continued to read, and the book described how the sun was more than just a physical source of light; it was also a metaphor for the inner joy that resides within each of us. The story encouraged the reader to embark on a journey to find this inner sun. Maria felt a spark of hope. Perhaps she too could find her own inner sun.

That same afternoon, Maria decided to take a break from her routine and go to the park nearby the library. She needed fresh air and time to reflect on the book she had read. Even though it was still overcast, she decided to go to the park and sit on a bench under an old oak tree. The oak tree was like an old, friendly face that had been there for a long time, and it felt like a fitting place for reflection.

As she sat there, she began to think about the book's message. What if it was possible to find the sun's smile within herself? What if happiness wasn't necessarily something that just happens, but something you can discover and nurture from within? She began to notice small things around her that she had previously overlooked: the gentle breeze playing with the leaves, the sound of children playing nearby, and the subtle scent of spring approaching.

Maria decided to take a little walk around the park. As she walked, she noticed a small, colorful market set up by some local artisans. She was fascinated by the various handmade items and began talking to the different people selling them. There was something about the warm and genuine enthusiasm of the people working there that began to light up within her. They shared stories about how they created what they sold, and their joy over their craftsmanship was contagious.

As she walked around and talked to the vendors at the market, she came across a small box of handmade lanterns. An elderly woman selling the lanterns started talking to Maria. She had a friendly smile and a calm presence that reminded Maria of the old oak tree she had sat under. The woman offered Maria one of the lanterns as a gift.

"This is a special lantern," the woman said. "When you light the candles, you'll see that they light up the darkness, but what's more important is that they also light up inside you."

Maria thanked the woman and continued on her way home with the lantern in hand. She felt inspired by the conversation and the simple but profound gift she had received. She began to notice more small details on her way home: the warm smile of a stranger, the friendly nod of a neighbor, and the fresh scent of freshly cut grass.

When she got home, she placed the lantern on the table in her living room. She lit a candle and watched as the lantern cast a warm, soft light around the room. It was as if the lantern brought a small piece of the sun into her house. Maria began to reflect on the day and everything she had experienced. She realized that happiness was not necessarily a big, bright feeling all the time but rather a series of small moments of light and warmth.

The next day, Maria decided to make some changes. She began to make small but meaningful changes in her daily routine. She started spending more time outside, talking to people she met, and exploring new places in town. She also became more attentive to the small things in life that often go unnoticed: a cup of coffee with a friend, a beautiful sunset, or a kind word to a stranger.

She also discovered that sharing joy with others had a positive impact on her own happiness. She started organizing small gatherings with friends and family, where they shared stories, food, and laughter. It was as if each gathering was a small celebration of life, and Maria felt more connected both to herself and to those around her.

A month after finding the book and the lantern, Maria was out in the park again. This time, the day was clear and sunny, and she felt a deep sense of satisfaction and joy. She had made a journey from the gray routine to discovering small moments of happiness in everyday life. She felt as if she were part of something larger, something both beautiful and endless.

She went to the bench under the oak tree again, where she had sat the first day she had started reflecting on the book's message. She sat down and looked up at the clear, blue sky. She had learned that the sun was not just something that shines in the sky but also a metaphor for the light and warmth that could be found in every moment.

As she sat there, she thought about everything she had experienced and learned. She understood that happiness was a journey, not a destination. It was a way of being present, opening oneself to the small miracles in life, and finding joy in the simple things. The sun's smile was not just a physical experience but an inner state of light and warmth that she could now find and create herself.

Maria stood up and began walking back to the town. She knew that she had found something valuable on her journey, and she carried with her a new sense of joy and gratitude. She was aware that life would always have its gray days, but she also knew that she now had the tools to find and create light in the darkness and to share it with the world around her.

Krabbens Reise

———

Det var en solfylt morgen ved stranden, og sjøen glitret som et teppe av diamanter som var strødd utover. Lange bølger lekte ved kysten, og brisen bar med seg duften av salt og tang. På denne stranden bodde en liten krabbe ved navn Kalle. Kalle var kjent for sitt sterke skall og sitt nysgjerrige sinn. Han elsket å utforske de små krokene og krikene ved stranden, og hver dag var et nytt eventyr for ham.

Kalle hadde alltid hatt en drøm. Han ønsket å finne Hjertet av Havet, et mytisk sted som ifølge legender var fylt med glitrende skatter og fantastiske underverker. Det sies at Hjertet av Havet var et sted hvor havet møtte himmelen, og at det var der havets største hemmeligheter skjulte seg. Mange hadde prøvd å finne det, men ingen hadde kommet tilbake med noen bevis.

Kalle hadde aldri vært redd for utfordringer, og nå følte han at tiden var inne for å følge drømmen sin. Han visste at reisen ville være lang og farlig, men han hadde alltid trodd at det var verdt å risikere alt for å oppdage noe stort.

Så en tidlig morgen, før solen hadde rukket å lyse opp stranden, bestemte Kalle seg for å legge ut på reisen sin. Han pakket en liten sekk med noen nødvendigheter: en liten matbit, et lite kompass han hadde funnet på stranden, og en liten flaske med ferskvann. Han tok farvel med sine venner, som var både triste og spente på hans vegne. Ingen av dem visste om han ville komme tilbake, men alle ønsket ham lykke til.

Kalle begynte å krabbe nedover stranden, og snart ble lyden av bølger og vinden til en rolig bakgrunnsmusikk. Han klatret over små steiner og passerte store, vakre skjell som var lagt ut som naturlige perler på stranden. Hver gang han så et vakkert skjell, stoppet han opp for å beundre det, og han visste at det var små skatter som fortalte historien om havet.

Etter en stund kom Kalle til en stor klippe som stakk ut i havet. Han hadde hørt om klippen fra andre krabber og sjøfolk, og de hadde sagt at det var en viktig landemerke på vei til Hjertet av Havet. Klippen var som en gigantisk, gammel vokter som hadde stått der i århundrer. Kalle begynte å klatre oppover den bratte siden av klippen. Det var en krevende klatring, og han måtte være forsiktig med hvert skritt. Klippen var dekket med glatte alger og små barnåler som gjorde det vanskelig å finne feste.

Da han endelig kom til toppen av klippen, ble han møtt av en fantastisk utsikt. Hele havet lå foran ham, og det virket som om det strakte seg ut til horisonten uten ende. Kalle følte seg liten i det enorme landskapet, men han var også fylt med en ny følelse av styrke og mot. Han visste at han hadde gjort en betydelig fremgang, men han visste også at det var mye mer som ventet ham på reisen.

Kalle begynte å krabbe nedover den andre siden av klippen og fortsatte langs kysten. Han visste at veien til Hjertet av Havet ikke ville være enkel, men han var bestemt på å fortsette. På vei ned møtte han en gammel sjøstjerne som satt fast på en liten stein. Sjøstjernen så trist ut, og Kalle kunne ikke gå forbi uten å hjelpe.

"Er du ok?" spurte Kalle forsiktig.

Sjøstjernen så opp med sine fem små armer og smilte svakt. "Jeg ble fanget her av tidevannet. Hvis du kunne hjelpe meg løs, ville jeg være veldig takknemlig."

Kalle begynte å jobbe med å få sjøstjernen fri fra steinen. Det var et vanskelig arbeid, men til slutt klarte han det. Sjøstjernen ble fri og takket Kalle for hans vennlighet.

"Jeg vil alltid huske deg," sa sjøstjernen. "Husk at de små handlingene av vennlighet har en stor betydning."

Kalle nikket og fortsatte reisen sin. Han gikk i flere timer og ble til slutt møtt av en gammel sjøbåt som hadde blitt strandet for mange år siden. Båten var slitt og dekket med tang og sjøgress, men den var også fylt med minner og historier fra fortiden. Kalle bestemte seg for å undersøke båten, og mens han gikk gjennom vraket, fant han en gammel kart. Kartet var slitt og bleknet, men det viste en vei som gikk mot en mystisk øy som lå langt ute i havet. Kalle visste med en gang at denne øya måtte være en del av reisen til Hjertet av Havet.

Med kartet i hånden fortsatte Kalle reisen. Han var klar over at det ville være farlig å navigere på egenhånd, men han var fast bestemt på å nå målet sitt. Han krabbet ut i havet og svømte mot øya som var avbildet på kartet. Det var en lang og slitsom reise, men Kalle var utholdende. Han visste at hver bølge han overvant, hver strøm han svømte mot, brakte ham nærmere målet sitt.

Etter mange dager på sjøen kom Kalle endelig til øya. Øya var et sted av utrolig skjønnhet. Den var dekket med frodige, grønne planter, og det var små fosser som dryppet ned fra høye klipper. Kalle følte seg som om han hadde trådt inn i et annet rike. Han begynte å utforske øya og oppdaget snart en liten hule som var skjult bak en vannfall. Hulen var mørk, men da han gikk inn, så han at den var fylt med lys som kom fra glitrende krystaller som vokste på veggene.

Kalle visste med en gang at dette måtte være Hjertet av Havet. Krystallene skinte som stjerner, og de reflekterte lyset på en måte som gjorde hele hulen til en magisk plass. Midt i hulen var det en stor krystall som var større enn de andre. Den så ut som et fyrtårn av lys, og Kalle forstod at dette var den virkelige skatten han hadde lett etter.

Han nærmet seg krystallen og la potene sine på den. I det øyeblikket følte han en varm bølge av glede og fred skylle over ham. Det var som om han hadde funnet noe som var mye mer enn bare en fysisk skatt. Det var som om han hadde oppdaget en dyp sannhet om seg selv og om livet.

Kalle begynte å tenke på reisen sin og alle de små øyeblikkene av vennlighet og hjelp han hadde opplevd. Han tenkte på sjøstjernen han hadde hjulpet, båten han hadde utforsket, og alle de små gledene han hadde oppdaget på veien. Han innså at Hjertet av Havet ikke bare var et sted, men en tilstand av sinn som ble funnet gjennom vennlighet, mot og utholdenhet.

Med et hjerte fylt av glede og en ny forståelse, begynte Kalle å gå ut av hulen. Han visste at det var på tide å reise hjem og dele alt han hadde lært med sine venner. Han hadde oppdaget at den virkelige skatten på reisen hans ikke var den glitrende krystallen, men heller de erfaringene og de relasjonene han hadde bygget underveis.

Når han kom tilbake til stranden, ble han møtt med åpne armer av vennene sine. De hadde ventet på ham med spenning, og Kalle begynte å fortelle dem om reisen sin. Han delte historiene om hjelpen han hadde gitt og mottatt, om den vakre øya og krystallene, og om den indre reisen han hadde oppdaget.

Kalle innså at reisen hans hadde lært ham mye om livet. Han hadde oppdaget at den virkelige skatten var vennlighet, mot og den indre skjønnheten som finnes i hver enkelt av oss. Han hadde lært at selv de små handlingene av hjelp og omsorg kan ha en stor betydning, og at det å være åpen for verden rundt oss kan lede oss til dypere forståelse og ekte glede.

Mens solen begynte å gå ned og himmelen ble fylt med varme farger, satt Kalle sammen med vennene sine på stranden og så ut over havet. Han visste at reisen hans hadde vært en reise til Hjertet av Havet, men det hadde også vært en reise til Hjertet av seg selv. Og med denne nye forståelsen bar han med seg en dyp følelse av tilfredshet og en påminnelse om at ekte skatter ikke alltid er synlige, men alltid er der for de som søker dem med et åpent hjerte.

The Crab's Journey

It was a sunny morning on the beach, and the sea sparkled like a blanket of diamonds scattered across the horizon. Long waves played along the shore, and the breeze carried the scent of salt and seaweed. On this beach lived a small crab named Kalle. Kalle was known for his strong shell and curious mind. He loved exploring the nooks and crannies of the shore, and each day was a new adventure for him.

Kalle had always had a dream. He wanted to find the Heart of the Sea, a mythical place that, according to legends, was filled with sparkling treasures and fantastic wonders. It was said that the Heart of the Sea was where the ocean met the sky, and that it was where the greatest secrets of the sea were hidden. Many had tried to find it, but none had returned with any proof.

Kalle had never been afraid of challenges, and now he felt the time had come to pursue his dream. He knew the journey would be long and dangerous, but he had always believed that it was worth risking everything to discover something great.

So, one early morning, before the sun had had a chance to light up the beach, Kalle decided to set off on his journey. He packed a small bag with a few essentials: a small snack, a little compass he had found on the shore, and a small bottle of fresh water. He said goodbye to his friends, who were both sad and excited for him. None of them knew if he would return, but they all wished him good luck.

Kalle began to scuttle down the beach, and soon the sound of the waves and the wind became a soothing background melody. He climbed over small rocks and passed large, beautiful shells that were laid out like natural pearls on the shore. Each time he saw a beautiful shell, he stopped to admire it, knowing that they were small treasures telling the story of the sea.

After a while, Kalle came to a large cliff that jutted out into the sea. He had heard about the cliff from other crabs and sailors, and they had said it was an important landmark on the way to the Heart of the Sea. The cliff was like a gigantic, ancient guardian that had stood there for centuries. Kalle began to climb up the steep side of the cliff. It was a challenging climb, and he had to be careful with each step. The cliff was covered with slippery algae and small barnacles that made it hard to find a foothold.

When he finally reached the top of the cliff, he was greeted by a magnificent view. The entire sea lay before him, stretching out to the horizon without end. Kalle felt small in the vast landscape, but he was also filled with a new sense of strength and courage. He knew he had made significant progress, but he also knew that much more awaited him on the journey.

Kalle began to scuttle down the other side of the cliff and continued along the coast. He knew that the path to the Heart of the Sea would not be easy, but he was determined to press on. On his way down, he encountered an old starfish that was stuck on a small rock. The starfish looked sad, and Kalle couldn't pass by without helping.

"Are you okay?" Kalle asked gently.

The starfish looked up with its five small arms and smiled weakly. "I got stuck here by the tide. If you could help me get free, I would be very grateful."

Kalle began working to free the starfish from the rock. It was a difficult job, but eventually, he managed it. The starfish was free and thanked Kalle for his kindness.

"I will always remember you," said the starfish. "Remember that small acts of kindness have great significance."

Kalle nodded and continued his journey. He traveled for several hours and eventually came across an old shipwreck that had been stranded many years ago. The boat was worn and covered with seaweed and algae, but it was also filled with memories and stories from the past. Kalle decided to explore the boat, and while going through the wreck, he found an old map. The map was worn and faded, but it showed a path leading to a mysterious island far out at sea. Kalle knew immediately that this island must be part of the journey to the Heart of the Sea.

With the map in hand, Kalle continued his journey. He knew it would be dangerous to navigate on his own, but he was determined to reach his goal. He scuttled out into the sea and swam towards the island depicted on the map. It was a long and tiring journey, but Kalle was persistent. He knew that each wave he overcame, each current he swam against, brought him closer to his goal.

After many days at sea, Kalle finally reached the island. The island was a place of incredible beauty. It was covered with lush, green plants, and there were small waterfalls cascading down from high cliffs. Kalle felt as if he had stepped into another realm. He began to explore the island and soon discovered a small cave hidden behind a waterfall. The cave was dark, but as he entered, he saw that it was filled with light coming from sparkling crystals growing on the walls.

Kalle knew immediately that this must be the Heart of the Sea. The crystals shone like stars, and they reflected the light in a way that made the entire cave a magical place. In the middle of the cave was a large crystal that was bigger than the others. It looked like a lighthouse of light, and Kalle understood that this was the real treasure he had been searching for.

He approached the crystal and placed his claws on it. At that moment, he felt a warm wave of joy and peace wash over him. It was as if he had discovered something much more than just a physical treasure. It was as if he had uncovered a deep truth about himself and about life.

Kalle began to reflect on his journey and all the small moments of kindness and help he had experienced. He thought about the starfish he had helped, the boat he had explored, and all the small joys he had discovered along the way. He realized that the Heart of the Sea was not just a place but a state of mind that was found through kindness, courage, and perseverance.

With a heart filled with joy and a new understanding, Kalle began to leave the cave. He knew it was time to return home and share everything he had learned with his friends. He had discovered that the real treasure on his journey was not the glittering crystal but rather the experiences and relationships he had built along the way.

When he returned to the beach, he was greeted with open arms by his friends. They had been waiting for him with excitement, and Kalle began to tell them about his journey. He shared the stories of the help he had given and received, of the beautiful island and the crystals, and of the inner journey he had discovered.

Kalle realized that his journey had taught him much about life. He had discovered that the real treasure was kindness, courage, and the inner beauty that exists within each of us. He had learned that even small acts of help and care can have great significance, and that being open to the world around us can lead to deeper understanding and true joy.

As the sun began to set and the sky was filled with warm colors, Kalle sat with his friends on the beach and looked out over the sea. He knew that his journey had been a journey to the Heart of the Sea, but it had also been a journey to the Heart of himself. And with this new understanding, he carried with him a deep sense of fulfillment and a reminder that true treasures are not always visible but always present for those who seek them with an open heart.

Revens Reise til Stjernelyset

———

I en dyp, mystisk skog, hvor trærne hvisket hemmeligheter til vinden og stjernene lyste som små lysglimt over et mørkt hav, bodde det en ung rev ved navn Lykke. Lykke var en liten, nysgjerrig skapning med pels som var rød som høstløv og øyne som skinte som stjerner på en klar natt. Hun elsket å utforske skogen og oppdage dens skjulte skatter. Hver dag var et nytt eventyr, og hun hadde en spesielt stor lidenskap for å finne stjerner som falt ned fra himmelen og lyse opp natten.

Lykke hadde alltid hatt en drøm om å finne den legendariske Stjernelyset, en mytisk kilde til lys og visdom som, ifølge gammel skogstradisjon, hadde kraften til å lyse opp de mørkeste hjørner av sjelen og bringe sann innsikt. Det ble sagt at Stjernelyset var en magisk stjerne som hadde blitt sendt til jorden for å bringe glede og håp til alle som var villige til å søke det med et åpent hjerte. Mange hadde lett etter det, men ingen hadde noensinne klart å finne det.

En natt, da månen var full og skinte klart, bestemte Lykke seg for at det var på tide å begynne jakten på Stjernelyset. Hun pakket en liten ryggsekk med noen nødvendigheter—en liten krukke med bær, et mykt teppe, og en gammel, slitt bok som hun hadde fått fra sin bestemor, som inneholdt stjernehistorier og gamle eventyr. Hun visste at reisen ville være lang og krevende, men hun følte seg klar og oppstemt.

Lykke begynte å gå gjennom skogen, og snart ble hun omfavnet av nattens stille ro. Trærne sto som tause voktere, og de glitrende stjernene på himmelen var som små, vennlige øyne som fulgte henne på veien. Hun klatret over steiner og overbeviste seg selv om at hvert skritt brakte henne nærmere målet sitt.

På vei gjennom en gammel lysning, kom Lykke over en stor, vakker elv som glitret som sølv i måneskinnet. Hun så en liten, gammel skilpadde som satt ved bredden og så ut som om den ventet på noe.

"Hei, lille skilpadde," sa Lykke vennlig. "Er det noe jeg kan hjelpe deg med?"

Skilpadden så opp med sine milde, kloke øyne og smilte. "Jeg venter på stjernene," svarte den med en rolig stemme. "De pleide å lyse opp elven om natten, men nå har de forsvunnet. Jeg vet ikke hvorfor."

Lykke så opp på stjernene og merket at de faktisk var færre enn vanlig. Hun følte en bølge av medfølelse for skilpadden og ønsket å hjelpe. "Jeg leter etter Stjernelyset," sa hun. "Kanskje jeg kan finne det og bringe lys til elven din."

Skilpadden nikket og sa: "Jeg vil være takknemlig for din hjelp. Stjernelyset er kjent for å ha en tendens til å være skjult, men det er alltid der for de som søker med et åpent hjerte."

Med en ny følelse av målrettethet, fortsatte Lykke reisen sin. Hun kom til en gammel, forfallen hytte som så ut som om den hadde vært forlatt i mange år. Den var dekket av mose og vindens hvisker, og det så ut som om den var en del av skogen selv.

Lykke bestemte seg for å utforske hytten. Inne i hytten fant hun en stor, støvete bok med et nydelig, gyllent omslag. Hun åpnet boken og oppdaget at den var fylt med gamle kart og tegninger av stjernebilder. Det var også en liten notat skrevet med blekk som hadde blitt falmet med tiden. Notatet var en gåte:

"For å finne Stjernelyset, se til stjernene som lyser på den mørkeste natten. Følg stjernens vei til der hvor mørket møter lyset, og du vil finne det som er skjult for øynene, men åpenbart for hjertet."

Lykke begynte å forstå at hun måtte følge stjernene for å finne Stjernelyset. Hun la boken forsiktig tilbake på hyllen og begynte å studere stjernene på himmelen, og prøvde å finne veien til den mørkeste delen av natten hvor lyset møtte mørket.

Mens hun fortsatte, møtte hun en vakker ugle som satt på en lav grein og så ut som den var i dyp tanker.

"Hallo, ugle," sa Lykke. "Kan du hjelpe meg med å forstå gåten jeg har funnet? Jeg leter etter Stjernelyset."

Uglen så ned på Lykke med kloke øyne og nikket. "Stjernelyset er ikke bare en stjerne," sa uglen. "Det er en følelse, en opplevelse som du vil forstå når du åpner hjertet ditt. Se ikke bare med øynene, men også med hjertet ditt."

Med uglenes ord i tankene fortsatte Lykke å følge stjernene. Hun klatret opp på en høyde for å få en bedre utsikt over nattehimmelen og begynte å føle en dyp forbindelse med stjernene. Det var som om de begynte å fortelle henne en historie—en historie om håp, kjærlighet, og lys.

På toppen av høyden oppdaget Lykke en vakker lysning som var opplyst av et mykt, skjær av lys. Hun gikk inn i lysningen og fant en liten krystall som skinte som en stjerne i mørket. Krystallen hadde en magisk glød, og Lykke følte en bølge av varme og glede når hun så på den.

Hun visste med en gang at dette måtte være Stjernelyset. Det var ikke bare en fysisk gjenstand, men en refleksjon av det indre lyset som hun hadde oppdaget på reisen. Hun tok krystallen forsiktig i potene sine og følte en dyp fred som hun aldri hadde kjent før.

Lykke visste at hun måtte bringe Stjernelyset tilbake til elven og til skilpadden som hadde ventet så tålmodig. Hun begynte å gå tilbake gjennom skogen med krystallen trygt pakket i sekken sin.

Da hun kom tilbake til elven, ble hun møtt med et varmt smil fra skilpadden. Hun viste skilpadden krystallen, og elven begynte å glitre med et nytt, magisk lys. Det var som om krystallen hadde brakt liv og lys tilbake til stedet som en gang hadde vært fylt med stjernens skinn.

Skilpadden takket Lykke dypt, og Lykke følte en stor glede over å ha hjulpet. Hun hadde oppdaget at Stjernelyset ikke bare var en fysisk stjerne, men en reise som hadde ført henne til å forstå betydningen av indre lys og kjærlighet.

På vei hjem, så Lykke opp på stjernene med en ny forståelse. Hun visste nå at det indre lyset hun hadde funnet, var det som virkelig gjorde natten lys. Stjernelyset var en refleksjon av det som bodde i hjertet hennes—håpet, kjærligheten, og troen på at selv i de mørkeste tidene, finnes det alltid lys for de som søker det.

Da hun kom tilbake til sitt lille hjem i skogen, satte hun krystallen på hyllen sin og så på stjernene gjennom vinduet. Hun visste at reisen hennes hadde vært en reise til å finne lys i mørket, men også en reise til å forstå seg selv bedre. Hun hadde oppdaget at lyset vi søker ofte finnes i våre egne hjerter, og at selv en liten rev kan bringe stor glede til verden.

Lykke følte en dyp følelse av tilfredshet og visste at hun alltid ville bære med seg lyset hun hadde funnet. Hun visste at uansett hvor mørkt det kunne virke, var det alltid en stjerne der for å lede henne, så lenge hun var villig til å se med et åpent hjerte.

The Fox's Journey to Starlight

In a deep, mysterious forest where trees whispered secrets to the wind and stars sparkled like tiny gems over a dark sea, lived a young fox named Lykke. Lykke was a small, curious creature with fur as red as autumn leaves and eyes that shone like stars on a clear night. She loved exploring the forest and discovering its hidden treasures. Each day was a new adventure, and she had a special passion for finding stars that had fallen from the sky and illuminated the night.

Lykke had always dreamed of finding the legendary Star Light, a mythical source of light and wisdom that, according to ancient forest tradition, had the power to illuminate the darkest corners of the soul and bring true insight. It was said that the Star Light was a magical star that had been sent to Earth to bring joy and hope to all who were willing to seek it with an open heart. Many had searched for it, but none had ever found it.

One night, as the moon was full and shining brightly, Lykke decided it was time to start her quest for the Star Light. She packed a small backpack with some necessities—a jar of berries, a soft blanket, and an old, worn book that she had received from her grandmother, filled with star tales and ancient stories. She knew the journey would be long and challenging, but she felt ready and excited.

Lykke set off through the forest, soon enveloped by the quiet calm of the night. The trees stood as silent guardians, and the glittering stars in the sky were like small, friendly eyes watching over her path. She climbed over rocks and reassured herself that each step brought her closer to her goal.

Along the way, she came across a large, beautiful river that sparkled like silver in the moonlight. She saw a small, old turtle sitting by the riverbank, looking as if it was waiting for something.

"Hello, little turtle," Lykke said kindly. "Is there something I can help you with?"

The turtle looked up with its gentle, wise eyes and smiled. "I am waiting for the stars," it replied in a calm voice. "They used to light up the river at night, but now they have disappeared. I do not know why."

Lykke looked up at the stars and noticed that there were indeed fewer than usual. She felt a wave of sympathy for the turtle and wanted to help. "I am searching for the Star Light," she said. "Perhaps I can find it and bring light back to your river."

The turtle nodded and said, "I would be grateful for your help. The Star Light is known to be elusive, but it is always there for those who seek with an open heart."

With a renewed sense of purpose, Lykke continued her journey. She came to an old, dilapidated cabin that looked as if it had been abandoned for many years. It was covered in moss and the whispers of the wind, and it seemed to be part of the forest itself.

Lykke decided to explore the cabin. Inside, she found a large, dusty book with a beautiful, golden cover. She opened the book and discovered it was filled with old maps and drawings of constellations. There was also a small note written in ink that had faded over time. The note was a riddle:

"To find the Star Light, look to the stars that shine on the darkest night. Follow the star's path to where darkness meets light, and you will find what is hidden from the eyes but obvious to the heart."

Lykke began to understand that she needed to follow the stars to find the Star Light. She carefully placed the book back on the shelf and started studying the stars in the sky, trying to find the way to the darkest part of the night where light met darkness.

As she continued, she encountered a beautiful owl perched on a low branch, looking as if it was deep in thought.

"Hello, owl," said Lykke. "Can you help me understand the riddle I have found? I am searching for the Star Light."

The owl looked down at Lykke with wise eyes and nodded. "The Star Light is not just a star," said the owl. "It is a feeling, an experience that you will understand when you open your heart. Do not just look with your eyes, but also with your heart."

With the owl's words in mind, Lykke continued to follow the stars. She climbed up a ridge to get a better view of the night sky and began to feel a deep connection with the stars. It was as if they were telling her a story—a story of hope, love, and light.

At the top of the ridge, Lykke discovered a beautiful glade bathed in a soft, shimmering light. She entered the glade and found a small crystal that shone like a star in the darkness. The crystal had a magical glow, and Lykke felt a wave of warmth and joy as she looked at it.

She knew immediately that this must be the Star Light. It was not just a physical object, but a reflection of the inner light she had discovered on her journey. She carefully took the crystal in her paws and felt a deep peace she had never known before.

Lykke knew she had to bring the Star Light back to the river and to the turtle who had waited so patiently. She began to walk back through the forest with the crystal safely packed in her backpack.

When she returned to the river, she was greeted with a warm smile from the turtle. She showed the turtle the crystal, and the river began to sparkle with a new, magical light. It was as if the crystal had brought life and light back to the place that had once been filled with starlight.

The turtle thanked Lykke deeply, and Lykke felt a great joy in having helped. She had discovered that the Star Light was not just a physical star, but a journey that had led her to understand the meaning of inner light and love.

On her way home, Lykke looked up at the stars with a new understanding. She now knew that the inner light she had found was what truly made the night bright. The Star Light was a reflection of what dwelled in her heart—hope, love, and the belief that even in the darkest times, there is always light for those who seek it.

When she returned to her little home in the forest, she placed the crystal on her shelf and looked at the stars through her window. She knew that her journey had been one of finding light in the darkness, but also one of understanding herself better. She had discovered that the light we seek often resides in our own hearts, and that even a small fox can bring great joy to the world.

Lykke felt a deep sense of contentment and knew that she would always carry with her the light she had found. She knew that no matter how dark it might seem, there was always a star there to guide her, as long as she was willing to see with an open heart.

Bjørnens Reiser

———

Det var en gang en bjørn som het Bror. Han bodde dypt inne i den store skogen, omgitt av høye trær og stille innsjøer. Bror var en stor og sterk bjørn, men han hadde et mykt og vennlig hjerte. Han var kjent blant skogens skapninger for sin klokskap og sitt vennlige vesen.

Hver kveld, når solen gikk ned og månen steg opp, satt Bror på en gammel, mosete trestamme og så opp på stjernene. Han følte en dyp tilknytning til nattehimmelen, og stjernene fikk ham alltid til å undre. En natt mens han satt der, begynte han å tenke på hva det ville være å reise til stjernene og forstå deres hemmeligheter. Han følte en sterk lengsel etter å utforske det ukjente og finne lyset som han visste måtte finnes der ute.

Bror bestemte seg for å legge ut på en reise for å finne stjernelyset, ikke bare for seg selv, men også for å bringe lys og håp til sine venner i skogen. Han pakket en liten sekk med noen nødvendigheter—a noen bær, litt honning og en varm pels som skulle holde ham varm på de kalde nettene.

Tidlig neste morgen, sa Bror farvel til sitt hjem og sine venner. De ønsket ham lykke til på reisen og lovet å vente på hans tilbakekomst. Bror satte av gårde, fast bestemt på å finne stjernelyset.

Bror vandret gjennom den store skogen, over høye fjell og dype daler. Han oppdaget mange vakre steder og møtte mange forskjellige skapninger på sin vei. En dag, mens han gikk gjennom en tåkete dal, møtte han en klok, gammel ugle ved navn Ulf.

"God dag, Ulf," sa Bror. "Jeg er på vei for å finne stjernelyset. Kan du gi meg noen råd?"

Ulf så på Bror med sine dype, visdomsfulle øyne og smilte mildt. "Stjernelyset er mer enn bare en lysende stjerne på himmelen," sa Ulf. "Det er et lys som bor i hjertet til alle som søker med et åpent sinn. Du vil finne det når du lærer å se med hjertet ditt, ikke bare med øynene."

Bror takket Ulf for hans visdom og fortsatte sin reise. Ordene til Ulf resonnerte i hans sinn, og han begynte å forstå at denne reisen ikke bare var en fysisk reise, men også en reise innover i seg selv.

Etter mange dager med vandring kom Bror til en elv som glitret i månelyset. Ved elvebredden møtte han en liten, nysgjerrig rev ved navn Rikke. Rikke var kjent for sin nysgjerrighet og eventyrlyst.

"Hei, Bror," sa Rikke. "Hva gjør du her ved elven så sent på kvelden?"

"Jeg er på en reise for å finne stjernelyset," svarte Bror. "Har du noen råd til meg?"

Rikke tenkte seg om et øyeblikk før hun svarte. "Jeg har hørt at stjernelyset er et lys som gir håp og fred. Kanskje du kan finne det ved å dele lys og håp med de du møter på din vei."

Bror takket Rikke og fortsatte langs elven. Han begynte å forstå at hans egen reise til stjernelyset også innebar å bringe lys og håp til andre.

En natt, mens Bror hvilte under en stor eik, ble han vekket av et mykt, lysende skinn. Han åpnet øynene og så en liten fe sveve over ham. Feen hadde vinger som glitret som stjernelys, og hun bar en liten krystall som lyste sterkt.

"Hei, Bror," sa feen med en mild stemme. "Jeg er Lyra, vokteren av stjernelyset. Jeg har ventet på deg."

Bror reiste seg opp og så på Lyra med undring. "Hvordan kan jeg finne stjernelyset?" spurte han.

"Stjernelyset er ikke bare et fysisk lys," svarte Lyra. "Det er et symbol på håp, kjærlighet og fred som finnes i hjertet til alle som søker med et åpent sinn. Du har allerede funnet det ved å bringe lys til de du har møtt på din reise."

Bror forstod nå at stjernelyset var en refleksjon av det indre lyset han hadde funnet gjennom sine handlinger og sitt åpne hjerte. Han takket Lyra for hennes visdom og lovet å fortsette å dele lys og håp med de han møtte.

Med en følelse av fred og forståelse begynte Bror reisen tilbake til skogen sin. På veien tilbake delte han sine erfaringer og visdom med de han møtte, og han merket at hans eget indre lys ble sterkere for hver gode handling han utførte.

Da han kom tilbake til skogen, ble han møtt med stor glede av sine venner. Han fortalte dem om reisen sin og om stjernelyset han hadde funnet i sitt eget hjerte. De lyttet med stor interesse og beundring, og de forstod at stjernelyset kunne finnes i dem alle hvis de bare søkte med et åpent sinn.

Bror satte seg igjen ved kanten av den gamle trestammen, så opp på stjernene og følte en dyp følelse av fred. Han visste at han aldri ville slutte å søke etter lys og håp, både for seg selv og for andre. For han hadde lært at det største lyset av alle var det som lyste sterkest i hjertet.

The Bear's Journey

Once upon a time, there was a bear named Bror. He lived deep in the great forest, surrounded by tall trees and quiet lakes. Bror was a large and strong bear, but he had a soft and kind heart. He was known among the forest creatures for his wisdom and friendly nature.

Every evening, as the sun set and the moon rose, Bror would sit on an old, mossy log and gaze up at the stars. He felt a deep connection to the night sky, and the stars always made him wonder. One night while sitting there, he began to think about what it would be like to travel to the stars and understand their secrets. He felt a strong longing to explore the unknown and find the light that he knew must be out there.

Bror decided to embark on a journey to find the starlight, not just for himself, but also to bring light and hope to his friends in the forest. He packed a small bag with some necessities—a few berries, some honey, and a warm fur to keep him warm on cold nights.

Early the next morning, Bror said goodbye to his home and his friends. They wished him luck on his journey and promised to wait for his return. Bror set off, determined to find the starlight.

Bror wandered through the great forest, over tall mountains and deep valleys. He discovered many beautiful places and met many different creatures along the way. One day, while walking through a misty valley, he met a wise old owl named Ulf.

"Good day, Ulf," said Bror. "I am on my way to find the starlight. Can you give me any advice?"

Ulf looked at Bror with his deep, wise eyes and smiled gently. "The starlight is more than just a shining star in the sky," said Ulf. "It is a light that dwells in the heart of all who seek with an open mind. You will find it when you learn to see with your heart, not just with your eyes."

Bror thanked Ulf for his wisdom and continued on his journey. Ulf's words resonated in his mind, and he began to understand that this journey was not just a physical one, but also a journey inward.

After many days of wandering, Bror came to a river that sparkled in the moonlight. By the riverbank, he met a small, curious fox named Rikke. Rikke was known for her curiosity and adventurous spirit.

"Hello, Bror," said Rikke. "What brings you to the river so late at night?"

"I am on a journey to find the starlight," replied Bror. "Do you have any advice for me?"

Rikke thought for a moment before answering. "I have heard that the starlight is a light that brings hope and peace. Perhaps you can find it by sharing light and hope with those you meet along your way."

Bror thanked Rikke and continued along the river. He began to understand that his journey to find the starlight also meant bringing light and hope to others.

One night, as Bror rested under a large oak tree, he was awakened by a soft, glowing light. He opened his eyes and saw a small fairy hovering above him. The fairy had wings that sparkled like starlight, and she carried a small crystal that shone brightly.

"Hello, Bror," said the fairy in a gentle voice. "I am Lyra, the guardian of the starlight. I have been waiting for you."

Bror stood up and looked at Lyra in wonder. "How can I find the starlight?" he asked.

"The starlight is not just a physical light," replied Lyra. "It is a symbol of hope, love, and peace that exists in the heart of all who seek with an open mind. You have already found it by bringing light to those you have met on your journey."

Bror now understood that the starlight was a reflection of the inner light he had found through his actions and his open heart. He thanked Lyra for her wisdom and promised to continue sharing light and hope with those he met.

With a sense of peace and understanding, Bror began his journey back to his forest. On his way back, he shared his experiences and wisdom with those he met, and he noticed that his own inner light grew stronger with each good deed he performed.

When he returned to the forest, he was greeted with great joy by his friends. He told them about his journey and the starlight he had found in his own heart. They listened with great interest and admiration, and they understood that the starlight could be found in them all if they only sought with an open mind.

Bror sat again at the edge of the old log, looked up at the stars, and felt a deep sense of peace. He knew that he would never stop seeking light and hope, both for himself and for others. For he had learned that the greatest light of all was the one that shone brightest in the heart.

Stjernens Hemmelige Budskap

I en liten landsby, omfavnet av bølgende åser og myke skoger, bodde det en liten gutt ved navn Emil. Emil var en stille, observant gutt med store drømmende øyne og en nysgjerrighet som aldri syntes å ta slutt. Han elsket å ligge på bakken under stjernene og lure på hva som skjulte seg der oppe, langt borte fra hans lille verden. Hans favorittaktivitet var å ligge på ryggen om natten og prøve å telle stjernene, selv om han alltid mistet tellingen etter noen få.

En klar, kjølig sommerkveld, mens natten var dekket av et teppe av glitrende stjerner, bestemte Emil seg for å ta en tur opp til åsen som omringet landsbyen. Det var en ås som var kjent for å gi den mest fantastiske utsikten over nattehimmelen. Emil pakket en liten ryggsekk med et teppe, noen epler, og en bok med eventyr han elsket å lese.

Da han nådde toppen av åsen, la han ut teppet sitt og satt seg ned. Han så opp på stjernene og begynte å undre seg over hvordan det var å være en stjerne. Mens han lå der, begynte han å hviske til stjernene om sine håp og drømmer. Han ønsket å forstå hvorfor stjernene glitret, og om de hadde noen hemmeligheter å dele med ham.

Plutselig, uten noen forvarsel, begynte en av stjernene å blinke mer intensivt enn de andre. Emil satt opp og så på med store øyne. Den blinkende stjernen begynte å bevege seg, som om den danset på nattehimmelen. Emil ble både nysgjerrig og opprømt.

Han reiste seg og fulgte stjernen med blikket sitt, som en barnslig tro på at stjernen kanskje ville lede ham til noe magisk.

Stjernen begynte å bevege seg nedover mot åsen, og Emil bestemte seg for å følge den. Han pakket sammen teppet og ryggsekken, og begynte å gå mot retningen stjernen ledet ham. Etter en stund, mens han fortsatt fulgte den lysende stjernen, kom han til en liten lysning i skogen som han aldri hadde sett før. Lysningen var fylt med vakre blomster og et lite, krystallklart vannspeil som reflekterte stjernene.

I midten av lysningen sto det en liten, gammel steinbygning, nesten som en bortgjemt hytte. Stjernen hadde nå blitt helt stille, og den lyste på døren til bygningen. Emil gikk forsiktig mot døren og åpnet den med en lett knuff. Inne i bygningen fant han et rom fylt med bøker, gamle kart, og et stort, sterkt lys som kom fra en stor krystall som hvilte på et bord.

Emil nærmet seg krystallen, og når han så nærmere på den, så han at det var innrisset med enkle, men vakre symboler. Han strakte ut hånden for å berøre den, og i det øyeblikket følte han en varm, beroligende følelse spre seg gjennom kroppen hans. Krystallen begynte å lyse sterkere, og Emil så forundret på hvordan symbolene begynte å danne seg til et bilde av en vakker, storslått by som lignet på hans egen landsby, men med magiske elementer som flyvende skapninger og lysende trær.

Plutselig hørte Emil en myk, melodisk stemme bak seg. "Velkommen," sa stemmen. Emil snudde seg raskt og så en gammel mann stå i døren til rommet. Mannen var kledd i en enkel, men elegant kappe og hadde et vennlig smil. Han bar også et sverd som så ut til å være laget av lys.

"Jeg... jeg fant stjernen," begynte Emil. "Den ledet meg hit."

Den gamle mannen nikket. "Ja, stjernene har en måte å kommunisere med de som virkelig lytter. Jeg er den som passer på stjernenes hemmeligheter og sørger for at deres budskap når de som er åpne for å høre dem."

"Hva er budskapet?" spurte Emil. "Hva prøver stjernene å fortelle meg?"

Mannen smilte. "Stjernene forteller oss om undring og muligheter. De minner oss om at vi er en del av noe mye større enn oss selv. Denne krystallen er en manifestasjon av deres budskap – en påminnelse om at magi finnes i det daglige livet, hvis vi bare åpner øynene våre og virkelig ser."

Emil så på krystallen og på mannen. "Men hvordan kan jeg forstå budskapet bedre?"

"Det er ikke alltid nødvendig å forstå alt med det samme," svarte mannen. "Noen ganger handler det om å føle, å oppleve, og å være åpen for magien rundt deg. Hver stjerne har en historie, og hver historie har noe å lære oss. Men du må være villig til å lytte og oppleve det selv."

Mannen rakte ut hånden mot Emil og ga ham en liten, skinnende amulett som så ut til å være laget av samme materiale som krystallen. "Denne amuletten er en gave til deg. Den vil hjelpe deg med å finne veien når du er på søken etter magi og inspirasjon."

Emil tok imot amuletten med takknemlighet. "Takk. Jeg vil alltid huske dette."

Den gamle mannen nikket og begynte å gå mot døren. "Stjernene vil alltid være der for deg, Emil. Bare husk å lytte og være åpen for de små miraklene som skjer rundt deg."

Emil fulgte mannen ut av bygningen og så hvordan han forsvant inn i natten, som en del av stjernene selv. Emil gikk tilbake til lysningen, og da han så opp mot stjernene igjen, følte han seg fylt med en dyp følelse av fred og undring.

Han begynte å gå tilbake til landsbyen, men hver gang han så opp på stjernene, følte han en ny forbindelse med dem. Han visste nå at stjernene var mer enn bare lys på himmelen; de var bærere av historier og visdom, og de hadde gitt ham en spesiell gave som han kunne bruke i sin søken etter magi og mening i livet.

Fra den dagen av bar Emil amuletten med seg overalt, og hver gang han så opp på nattehimmelen, ble han minnet om stjernens hemmelige budskap. Han forstod at magi ikke alltid er noe man finner; det er noe man opplever og føler når man åpner seg for verden rundt seg.

The Star's Secret Message

In a small village, embraced by rolling hills and soft forests, lived a little boy named Emil. Emil was a quiet, observant boy with big, dreaming eyes and an insatiable curiosity. He loved lying on the ground under the stars and wondering what lay up there, far away from his small world. His favorite activity was to lie on his back at night and try to count the stars, though he always lost count after just a few.

On a clear, cool summer evening, with the night covered by a blanket of twinkling stars, Emil decided to take a walk up the hill that surrounded the village. It was a hill known for offering the most stunning view of the night sky. Emil packed a small backpack with a blanket, some apples, and a book of fairy tales he loved to read.

When he reached the top of the hill, he spread out his blanket and sat down. He looked up at the stars and began to wonder what it was like to be a star. As he lay there, he started whispering his hopes and dreams to the stars. He wanted to understand why the stars glittered and if they had any secrets to share with him.

Suddenly, without any warning, one of the stars began to twinkle more intensely than the others. Emil sat up and watched with wide eyes. The twinkling star started moving, as if dancing across the night sky. Emil felt both curious and excited. He stood up and followed the star with his gaze, a childlike belief that the star might lead him to something magical.

The star began to move down towards the hill, and Emil decided to follow it. He packed up his blanket and backpack and started walking in the direction the star led him. After a while, as he continued to follow the glowing star, he came to a small clearing in the forest he had never seen before. The clearing was filled with beautiful flowers and a small, crystal-clear pond that reflected the stars.

In the center of the clearing stood a small, ancient stone building, almost like a hidden cottage. The star had now become completely still, and it shone on the door of the building. Emil cautiously approached the door and pushed it open. Inside the building, he found a room filled with books, old maps, and a large, strong light coming from a huge crystal resting on a table.

Emil approached the crystal, and as he looked closer, he saw that it was engraved with simple but beautiful symbols. He reached out to touch it, and at that moment, he felt a warm, soothing sensation spread through his body. The crystal began to shine brighter, and Emil marveled at how the symbols started forming into a picture of a magnificent, grand city that resembled his own village, but with magical elements like flying creatures and glowing trees.

Suddenly, Emil heard a soft, melodic voice behind him. "Welcome," said the voice. Emil turned quickly and saw an old man standing in the doorway of the room. The man was dressed in a simple but elegant cloak and had a friendly smile. He also carried a sword that appeared to be made of light.

"I... I found the star," Emil began. "It led me here."

The old man nodded. "Yes, stars have a way of communicating with those who truly listen. I am the one who guards the stars' secrets and ensures their messages reach those who are open to hearing them."

"What is the message?" Emil asked. "What are the stars trying to tell me?"

The man smiled. "The stars tell us about wonder and possibilities. They remind us that we are part of something much greater than ourselves. This crystal is a manifestation of their message—a reminder that magic exists in everyday life if we only open our eyes and truly see."

Emil looked at the crystal and at the man. "But how can I understand the message better?"

"It is not always necessary to understand everything right away," the man replied. "Sometimes it is about feeling, experiencing, and being open to the magic around you. Each star has a story, and each story has something to teach us. But you must be willing to listen and experience it for yourself."

The man extended his hand to Emil and gave him a small, shiny amulet that appeared to be made of the same material as the crystal. "This amulet is a gift for you. It will help you find your way when you are searching for magic and inspiration."

Emil accepted the amulet with gratitude. "Thank you. I will always remember this."

The old man nodded and began to walk towards the door. "The stars will always be there for you, Emil. Just remember to listen and be open to the small miracles that happen around you."

Emil followed the man outside the building and watched as he disappeared into the night, as if becoming part of the stars themselves. Emil walked back to the clearing, and when he looked up at the stars again, he felt a deep sense of peace and wonder.

He started walking back to the village, but every time he looked up at the stars, he felt a new connection with them. He now knew that the stars were more than just lights in the sky; they were bearers of stories and wisdom, and they had given him a special gift that he could use in his quest for magic and meaning in life.

From that day on, Emil carried the amulet with him everywhere, and every time he looked up at the night sky, he was reminded of the star's secret message. He understood that magic is not always something you find; it is something you experience and feel when you open yourself to the world around you.